안부

# 안부

천숙녀 시집

건강신문사

자서自序

가을이 왔다
신선한 바람 이끌고
그리움이 왔다
설레임 앞세우고 소풍 가잔다
숨바꼭질하듯
보물찾기하듯
가슴 뛰게 하는
달맞이꽃 찾으러 간다

한결같은 한결 있어 마음 깊어지리라

2020년 9월

천숙녀

## 차례

자서自序 • 5

# 안부

안부安否 • 13
두엄 • 14
시詩 한편 • 17
민들레 홀씨 • 18
2019년 4월 • 19
오후 • 20
참는 자 • 21
난蘭 • 22
못 짜본 베 • 23
지문指紋 • 25
몽돌 • 26
아침나절 • 28
환한 꽃 • 29
공空 • 30

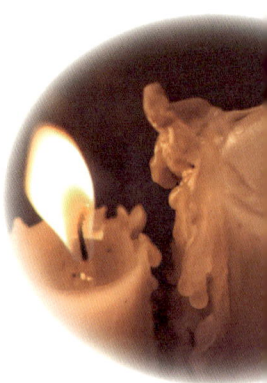

# 나를 찾아

나를 찾아 ● 33

환절기 ● 34

옛집 ● 35

눈물로 ● 36

찔레 향기 ● 37

가을 산 ● 39

아버지 ● 40

깊은 잠 ● 41

자하연 팔당공원 ● 42

침묵沈黙 ● 44

말리고 싶다, 밤 ● 45

놓친 봄 ● 46

뒷모습 ● 48

눈물샘 ● 49

등燈 ● 50

# 아픈 강

호롱불 ● 53
콩 꼬투리 툭 ● 55
잠시 쉬는 동안 ● 56
안경 ● 58
가뭄 ● 59
눈물 꽃 ● 61
밥 ● 62
어디쯤 ● 63
빨래 ● 64
무지개 뜨는 ● 65
아픈 강 ● 66
수채화 ● 69
이제야 ● 70

# 등나무 꽃

아침 ● 73
유월 오면 ● 74
등나무 ● 77
청소 ● 78
두통 ● 79
파장罷場 ● 81
서성이다 ● 83
등나무 꽃 ● 84
비켜 앉았다 ● 85
말씀 ● 86
나는 늘 ● 88
찻사발 ● 89
지는 꽃 ● 91
차향 앞에서 ● 92

온부

## 안부安否

당신으로부터의 젖은 편지
……
애써 파종을 위해
흙 몇 삽을 구했다
열일곱
덜렁가시나
갈래머리처럼…
당신이 참 그립습니다
잘 지내시는지요?

# 두엄

시골집 대문 밖에는
두엄자리 봉곳했다
짚과 풀 똥오줌 부어
쇠스랑이 뒤집었다
태우고
또 썩히다 보면
나도 두엄이 되어
씨알 하나라도 틔울 수 있을까?

# 시詩 한 편

집안 가득 꽃들이 붐비더니
꽃잎으로 찔러오는 낱말들
비로소
가부좌 풀고
시詩 한 편을 빚는다

# 민들레 홀씨

민들레 홀씨를 날립니다
툇마루 걸터앉아
봄볕 쬐고 있습니다
당신도
따뜻할까요?
봄볕도 홀씨처럼 날리고.

## 2019년 4월

경북 문경시 산양면 부암리 279번지

큰 마을 약봉지 달린 천장天章

한의원 집 막내딸 천숙녀千淑女

이천십구년 사월에는

붉게 터진 생生의 살점

심장에 박히는 수많은 시위

천천히 도려냅니다

# 오후

풀지 못한 숙제를 두고
한 폭 그림을 그리는 오후
마음 헹궈 널며 두 눈 닦고 귀 씻어도
명치끝 단단한 옹이 풀어질 날 있을까
형틀에 칭칭 감긴 속마음 풀길 없어
긴 목에 목줄을 걸고 내 몸 찢듯 터트렸다
끓이다 여물어 터진 엽서 한 장 띄웠다

# 참는 자

참을 인忍 글자 보며
열 번도 더 적어본다
참는 자는 어리석다고 물 흐르듯 이해理解하란다
참을 인忍
천수답天水畓처럼
비 안 오면 망치는 일

# 난蘭

등짐이 버거운 날은
책을 읽어도 배가 고프다
밥 한 사발 맹물에 말아 꾸역꾸역 삼키고 나면
파랗게 질린 볼때기
한 끼 삶 건너왔다
돌 틈에 내린 뿌리가
산을 키우는 난蘭이었다

# 못 짜본 베

어제는 종일토록 물레를 돌렸다
한 치도 못 짜본 베
초록 연가戀歌 부르면서
짜야 할 생애生涯 마디들
능직綾織으로 평직平織으로

# 지문指紋

몸속에는 둥근 마음 키워가며 사는 날
가슴에 금이 갔다
숨이 턱 막힌 영혼
공기도 굳어져 갔다
아무도 모르게 차양을 쳤지
영혼이 가려웠다, 가려워 긁던 손가락 끝
시들시들 말라갔다
지문이 사라졌다
손가락 지워진 지문을
나이테로 더듬어보는 저녁

# 몽돌

처음부터 둥근 상像 몽돌은 아니었다
이리저리 휘둘리며 단단한 몽돌로 굴러
걸쭉한 땀방울들이 뭉겨누운 한 세상

# 아침나절

남편과 아들, 딸아이도 외출이다
커피 한잔에 햇살 몇 올 잡아당겨
육신은 방 안에 있어도
마음은 먼 봄나들이
나물 캐던 고향 들녘 묻혀진 학창 시절
청운靑雲이랑 하늘이랑 나비 되어 싸다니다가
열두 번 종소리에 깨어
먼지 낀 창을 닦는다

# 환한 꽃

상봉동 지하 방에도 별이 뜰 수 있을까
건조한 머릿결 참빗으로 빗겨본다
짠 눈물 목구멍으로
참 많이도 삼켰잖아
숲으로 날고 싶은 새 푸드득 날아올라
표정 잃은 얼굴에도 입꼬리 올라가고
손마디 새기는 나이테
살 속 깊이 박혀있다

## 공호

깨어진 화분에도 고추 모종 심어놓고
지지대를 세운 뒤 흙손을 털며
돌아서 걷는 걸음에게 눈물을 들킨다
너무 많이 가져 등짐이 무거운가
숨 멎는 그 날에는 이 모두가 족쇄인데
푸성귀 한 소쿠리를 말간 물에 씻어냈다

나를 찾아

# 나를 찾아

떠나는 길
……
둘러맨 바랑 한 짐
마음 가는 대로 길을 걷다
한 조각 퍼즐이 되어
가로장 딛는 해진 발

# 환절기

말갛게 비벼 헹군 빨래가 뒤엉켰다
말끝마다 분분한 폴싹거리는 먼지들
마을엔 풍문이 떠돌아 귓속을 후벼 판다
고막까지 건드려 머리가 아파 온다
묵은 고름 끈적끈적 고여지고 있는데
어머니, 건조주의보 언제쯤 걷힐까요

# 옛집

쪽진 은비녀 단정한 우리 엄마
옛집이 그리워 세월 묻은 빗장 여니
눈시울 붉게 물들어 주름살로 내렸다
살아 온 날들이 수북이 쌓여 있다
비조산 앞마당에 물러앉은 긴 그림자
꼬맹이 등잔 밑에서 골목길 내달렸다

# 눈물로

어머니 부르던 소리 귓전에 와 닿는다
색 바랜 문창살에 창호지를 바르던 손
저물녘 갈퀴손으로 빗질하시던 어머니
어머니 숨결 배인 그 자리는 비어있어
꺾이고 패인 주름 이 깊은 그리움
쓰디쓴 육모초즙을 눈물로 마십니다

## 찔레 향기

걸음마다 밟히는 유년 고향길
촘촘히 깔아놓은 뭉게구름 피어나고
골마다 찔레 향기가 그득했던 엄마 냄새
앉은뱅이 경대를 단정히 꺼내놓고
가을볕이 좋다시는 엄마를 앉히셨다
얼레빗 머릿결 쓸며 곱게 빗고 계시네
따스한 풀방석이 지천에 펼쳐있어
서로에게 무엇이 될까 깊어지는 조화 속에
쉼 없이 길 없는 길 위를 걷고 계신 우리 엄마

# 가을 산

어느 사이 가을 능선에 흰 머리가 듬성하다
허리 굽혀 한 생애 마무리하는 어머니
그리워 밤새 달려가 이부자리 펴 드렸다
이부자리 밀쳐내고 구들장에 등 눕히자
세상을 덮고 있던 지뢰밭을 지나오시며
얼마나 고단하셨는지 가을 산으로 타 버렸다

# 아버지

아버지 사랑채에서 담배를 피우신다
젖 냄새 물씬 밴 엄마 무릎 베고 누워
아슴한 기억의 조각 꿰맞추는 여린 흔적
줄줄이 흙벽 사이로 바람이 들어왔다
아픔이 아픔인 줄 모르고 지나도록
슬며시 등 내어주는 뿌리 깊은 나무 있어
평등하게 비추는 햇살 부챗살로 펼쳐졌다
"뿌리를 다독이며 꽃밭을 키워라"는 말씀
오랜 날 멈춘 시간을 깨워 오늘부터 새날이다

# 깊은 잠

붉은 영정寧靜 당겨 덮고 아버지 깊은 잠 드셨네
길이 곧게 펴지던 날 그 길 따라 떠나셨다
내 눈물 땅을 적시고 노을처럼 번져갔어
봄볕이 너무 짧아 철커덕 닫힌 문
뼈마디 매운 울음이 꼿꼿하게 서성이다
저무는 하늘 향하여 무릎 꿇고 엎드렸다

# 자하연 팔당공원

마음 가는 곳 따라 걸음 떼고 싶은 날
가려운 곳 긁어주던 그 손길 그리워져
달렸다 자하연 팔당공원묘지 추모공원에
"주님의 은혜가 내게 차고 넘쳤나이다"
1917년 12월 2일생 - 1994년 11월 29일 소천
어머니 최봉자의 묘 결빙結氷 녹여 주셨다
어머니 떠나신 지 이십 오년 지난 세월
단 한시도 잊은 날 없어 늘 곁에 머무시며
휘모리 뛰던 가슴도 꾹 눌러 도닥여 주신
엉클진 마음 밭에 촉진제를 뿌려주고
몸 눕히는 강줄기로 혀끝의 독毒을 풀어
생채기 남긴 가슴을 말갛게 우려 주시던
내 삶이 각박하여 결結 삭아 무너질 때
어머니 묘소 앞에 옥죄던 손 풀고 나면
물관에 눈 귀 씻듯이 늦가을이 여물었다

성도 최봉자(서룡)의 묘

주님께 은혜가 내게 하고 남첬나이다

1917년 12월 2일 생 1994년 11월 29일 소천

## 침묵 沈默

응달에서도 숨을 죽인 동면冬眠을 일깨우면
지축地軸을 뚫고 걷는 푸른 새싹 있어
파란 꿈 촉심을 뽑아 물레를 잣고 있다

# 말리고 싶다, 발


종일 밟고 다녔던 발바닥

하루를 접고 말리고 싶다

아문 딱지 떼어내고 맨발 씻겨 주는 밤

다 해져 꺾이고 패인 발

맥을 짚고 풀어야지

바깥으로 비스듬히 닳아 있는 구두 굽

조임을 위해 나사 돌리듯

발목 끈을 묶으면서

뒤축에 단단히 박힌

금속 심지에 힘을 준다

# 놓친 봄

청춘이 빠진 자리에 청춘 당겨 앉히려고
허연 머리에 검정 물들여
한 달쯤 젊고 싶다
초록빛 압축된 시간을
봄 언덕에 펼치는 손길
올봄은 유난히 빨라 봄을 놓쳐 버렸다
입술을 깨물면서
진달래꽃도 피우면서
껍질은 제 속살 녹이며
싹 틔워 있었고
걷던 길 누웠다 고랑 있어 끊어진 길

아무도 보이지 않아 함께 걷던 우리 이름
짜디짠 눈물 훔치며
논두렁 길 걷고 있다
얼마를 더 살고 나면 적절하고 적절해질까
걸어온 길 걸어갈 길 아득했고 아득하다
노숙자 길바닥에 앉아
움켜쥔 껍질 내던졌다

# 뒷모습

누군가 나를 밀쳐 다급히 달려갔다
내 눈에 보인 것은 달리는 뒷모습뿐
골목길 들어서더니 꼬리까지 사라졌다
휴대폰 저장해 둔 이름을 지워간다
2호선 순환 열차 에도는 발자국들
사나흘 폭포수에 첨벙 지친 몸 씻고 싶다
밤새운 새벽 별은 밝은 둘레 울타리 쳐
밥상에 봄 올리고 식탁 의자 내놓았다
속울음 눌러 삼키고 처마 끝에 짓는 복編

# 눈물샘

풀뿌리 아픔을 딛는 칠월 하순 어느 날
수첩을 펼치면서 푸른 숲이 들어선다
불모의 빈자리마다 초록 물감 엎지르며
이 세상 구석구석 울리는 법고 소리
영혼은 시간을 잡고 현絃을 당겨 조이면서
푸른 싹 기다리는 속내 눈물샘 터트렸다
뒤 곁에 모여 앉은 속 깊은 항아리들
너른 바다 품기 위해 쪼는 햇살 받으면서
무명천 펼쳐 들고서 문패를 닦고 있다

# 등燈

두꺼운 벽 견고히 쌓아오진 않았었나
윗목으로 밀쳤던 등燈에게 이름 불러 내어 건다
낡은 등 심지 키우면 돋운 만큼 보이는 세상

모진 세월에 갈켜 닳아진 손가락 끝
절망 뚫고 오르는 길 누가 나더러 함부로 말해
직선의 끄트머리를 향해 등燈 피울 기름의 몫

아픈 강

# 호롱불

유년 일기장엔 호롱불이 켜져 있다
심지 돋우는 무의無依 푸른 기운 가득하고
제 어미 속 살 찢고 나와 생生의 굽 갈아 끼우고

# 콩 꼬투리 툭

여름 한철 푸르던 날 콩 꼬투리 툭 터졌다
곪아서 문드러진 부서지는 노래
앞질러 달려가더니 몸을 풀고 누웠다
잡초들이 퍼질러 앉아 넓은 들녘 지키고
드러내진 못하지만 올곧은 땅 개간 중이다
삶의 길 완창完昌을 위해 두 손 모아 경經을 읽는

## 잠시 쉬는 동안

탄력 잃은 어깨가 공원 벤치에 앉아 있다
낯 두꺼운 구름이 의자를 갉고 있다
한나절 문신으로 남아 몇 배는 더 부풀려지고
소나기 한줄기 뿌리고 지나갔다
얼룩 묻은 발자국들 흙 묻은 손 씻겨놓고
은하銀河가 은하銀河를 뚫고
출렁이며 지나갔다

# 안경

대책 없이 살아온 날
회오리와 마주쳤다
끌어안던 눈빛들
짓이겨져 쓰러진 자리
때맞춰 내리던 장대비
안경테를 벗겼다
눈이 아파 보이지 않고
귀가 멀어 들리지 않아
만신창이가 된 모습은
부엉이가 물고 날아가
서러움 기억나지 않아
뜬 눈으로 곱씹은 아픔 같은 거

# 가뭄

쩍쩍 갈라진 논바닥은 간절하다
문설주 잡고 기대어선 목마른 아침 달
내 눈물 한 말쯤 쏟아 마른 논 적시고 싶다
지친 몸 헹구어서 푸르게 옷을 입고
헐벗은 맨발들이 고단하게 누워있다
세상일 마음 돌리니 잔잔한 물무늬다

# 눈물 꽃

반듯이 누웠던 하온이가 끙끙대며 뒤집는다
하온이처럼 나도 따라 구르면서 뒤집었다
묵직한 목화 솜이불
씩씩하게 걷어찬 발

누군가 동아줄을 던져주고 있었다
좋은 눈빛 건네주며 내밀어준 어깨 있다
매웠다 와사비보다
울컥 쏟는 눈물 꽃

# 밥

한 사발 아침밥이 비닐 속에 뭉클하다
묵은 김치 참치 햄 넣고 푹 끓여낸 반찬이다
관우 형 밥을 지었고 화수 씨가 끓인 찌개
허기진 빈속을 채워 문을 열고 나서는 길
지친 등 도닥이면서 손 꼭 잡아주는
한 그릇 따뜻한 밥이 꿈을 심고 하루를 열고

## 어디쯤

지난 겨울 가시에 찔린
날개와 부리 있어
어디에 있을까
떨어져 나간 내 부리
내 깃털
어디쯤에서
숨죽여 누웠을까

# 빨래

장롱 속 이불 홑청을 비벼 빨아 널면서
오늘은 볕살이 좋아 발가벗고 매달렸다
길 잃고 떠밀려가던 내 목쉰 아우성도

# 무지개 뜨는

아등바등 걸어온 길, 돌아보니 일탈逸脫이야

오기와 과욕 가슴에 품고 발바닥 닳도록 누볐을까

여태껏 아랫도리 감싸 줄

옷 한 벌 장만하지 못했는데

해 지는 서창 하늘엔 노을이 붉다

비바람에 할퀸 자국 흥건히 고인 땀내

맨땅 위 공허로 처질 파도 짓 수채화여

세차게 불어온 폭풍 잠들 날 있을까

햇살 나붓이 반겨 으깨진 상처 쓰담아 주는

마른하늘에서도 일곱 빛깔 무지개 뜨는

## 아픈 강

마음 떠난 그림자도 살 비비던 그 사람도
돌아보면 아픈 강, 물소리로 울고 있다
모든 것 지워야겠지 깊이 파인 물소리 같기도 한
긴 목을 늘여놓고 마주했던 시간들
땅을 파고 뒤집으며 여문 씨앗 심었는지
강물을 넘나들면서 살던 끈 풀고 있다
흑백사진 속에서는 통기타를 튕기면서
땅을 밟고 춤을 추며 강강술래 돌고 있어
풀리던 생각들이 모여 낮게 하늘을 날고 있다

## 수채화

파장의 함지박 이고
썰물 지는 노을 길 걷는
고샅 구르던 몸 씻겨줄
물 한 두레박 퍼 부었다
슬픔이 파랗게 흔들려
우물을 파고 있는

# 이제야

두 가슴 엉키어져 이제야 집을 짓는
옹이로 맺힌 숨결 눈부처에 갇혀 울어
시간을 포개고 앉은 햇살들이 일어났다

드리운 품 안에서 새순으로 날개 돋는
귀 세우며 열어 놓은 젖어 있는 문고리
열 오른 이마를 짚는 네 손 있어 환했다

이랑 따라 쟁기질로 쉼 없이 갈아엎고
가파르게 내쉬던 들숨 날숨 가라앉히며
둥그런 마음 닮고 싶어 보름달을 그렸다

등나무 꽃

# 아침

우리 집 옆 골목에 거푸집을 치고 있다
가로세로 탄탄히 묶고 보온덮개로 씌웠다
안에서 일어나는 일 간섭 말라 이르는지
포크레인 들락이며 헌 집은 허물어졌고
움푹 파놓은 깊은 터에 벽마다 박히는 쇠
뼈마디 새롭게 세웠다
토목공사 중이란다
어떤 집이 세워질까 지켜보는 눈빛들은
바람 따라 한곳으로 쏠리는 시선들
어제의 터널 지났다
만선 가득할 아침이다

# 유월 오면

나무들 잎새마다 당신으로 물들이고 싶어
가지마다 열리고픈 열매이고 싶어
어린 딸
젖망울처럼
수줍은 열매가 익고 있다

# 등나무

뒤틀면서 꾀고 오른 등나무 손길 보아
밖으로 겉돌면서 십수 년 지난 세월
아직은 푸른 바람에 실려 오는 등꽃 있다
지난 밤 가위눌린 사연들은 쓸고 싶어
뼈마디 성성하던 바람을 다스리며
덮어둔 일상의 그늘 차일마저 실어 보냈다

## 청소

어지럽게 널려있는 책들은 가지런히
밤새워 쌓여지던 뇌리 속 갈등마저
이 아침 딱딱한 말에게 걸레질하고 있다
웃자란 잡풀들 금이 간 담장 벽에도
빗자루 끝 엉겨 붙은 오욕칠정 덩어리
한 곳에 쓸어 모은 불씨 불쏘시개로 태웠다

## 두통

뒷덜미가 당긴다 역류하는 이 슬픔
속주머니 숨겼어도 꾸역꾸역 비집다
우묵한 그림자 안고 깊은 잠을 청하는 밤
형체도 없으면서 광풍을 몰고 왔다
제풀에 주저앉아 몸의 무게 줄여야 해
팔다리 가위눌렸다
멍든 분재 인두질이다

# 파장罷場

달뜨는 마음 꾹 눌러도 어깨가 결린다
자리 뜨는 파장罷場길 아무리 주물러도
꼿꼿한 몸을 세우려 자맥질로 일어서는
마음을 추스르며 속 깊은 얘기 들어봐
"한 사흘 굶어 본 사람 손들어 보실래요?"
툭 터진 꽃씨 봉투를 잠시 몰래 열어 봤다
서로 깊이 흐르며 푸른 꿈 덧칠했던
푸르고도 시린 물 두레박질 퍼 올렸지
깜깜한 밤을 견뎌낸 숨은 꽃의 가슴앓이
보채는 안부 인사엔 짧은 엽서 말줄임표
억새풀에 베인 손 입술 질끈 깨물더니
지나온 발자국 따라 은하수로 흐르고 있어

# 서성이다

밤새도록 변방邊防을 서성였다
밟힐수록 향기 나는 초록 꿈
방랑의 어디쯤 여울 바다로 흐르는지
날마다 속을 비우며 지평을 따라 꿈꾸는지
버티는 벽 속은 왜 저리도 단단할까
막막한 어스름 위에 손톱으로 자국을 내고
아버지 침針 놓아 주셨다
어혈瘀血 풀어 주셨다

# 등나무 꽃

안방에 촛불 켜면 현관문에도 불 켜질까
고봉밥 차려 올리는 돌아올 가족 기다린다
보랏빛 등나무꽃이 눈동자 속으로 걸어왔다

# 비켜 앉았다

꿰맨다고 남겨진 상처 다 기울 순 없다 해도
한 땀씩 촘촘히 생살을 아물린다
너무 아파 갓길로 주저앉았다
길이 길을 터주고 있다

# 말씀

말을 하지 않아도 불쑥 돋아 감기는
그대를 향한 푸른 불꽃
나를 내려 앉히는
비워라
용쓰지 마라
행간마다 숨겨진 죽비

# 나는 늘

철커덕 철커덕 씨줄과 날줄을 잇는다
침묵이 가슴으로 흐를 때 얇아지는 기억을 들춰
반쪽 잎 부비고 살자 뿌리 서로 옭아맨다

# 찻사발
― 도예가

해 종일 매끈한 살결 주물리는 저 손길
가만히 눈을 감고 흙의 숨소리 들어보자
정갈히 담아가야 할 막사발을 빚고 있어
갈켜진 마음들은 둥글게 갈아내며
빚은 손길 시리도록 넋을 푸는 하얀 숨결
천형의 고독 빚으며 쇠북소리 듣고 있다
오늘은 징검돌 되어 램프 불 붙여야지
네 꿈과 내 우주 담길 항아리도 빚어야 해
고봉밥 흘러 연주하는 풍요의 노래 가락

# 지는 꽃

가녀린 대궁타고 온몸에 번지더니
생살 도려낸 흔적 위에 목숨 걸고 피던 꽃
간절한 마음을 담아 밑그림을 그렸다
떼어내도 줄지 않는 피 끓는 가슴으로
덜 여문 생각을 모아 마른 목을 적시면
지는 꽃잎 한 장에 삶의 궤적 그었다
어둠 속에 날 세우며 굳게 다문 붉은 입술
긁히고 밀리던 가슴 허물 한 겹 벗어놓고
메마른 땅 꾹꾹 눌러 인印을 치는 늦가을

## 차향 앞에서

꾸들꾸들 뒤틀린 몸
여린 속잎이었다
수천일 시간을 덖은 마음 밭 우려내며
소반 위 찻잔 속으로
쉼 없이 걸어왔다
접히고 꺾여져야
깊은 생生 만난다지만
차향은 입 안 가득 볼우물로 채우고 싶어
사랑채 잉아 대에 걸려
그대 발자국 소린가 가만히 있다

# 안부

초판 1쇄 | 2020년 10월 9일

글·사진_ 천숙녀
발행인_ 윤승천

발행처_ (주)건강신문사
등록번호_ 제25110-2010-000016호
주소_ 서울특별시 은평구 가좌로 10길 26
전화_ 02-305-6077(대표)
팩스_ 02)305-1436 / 0505)115-6077

ISBN 78-89-6267-106-3  03810

잘못된 책은 바꾸어 드립니다.
이 책에 대한 판권은 (주)건강신문사에 있으며,

저작권은 (주)건강신문사와 저자에게 있습니다.
허가없는 무단 인용 및 복제, 복사, 인터넷 게재를 금합니다.